LA
QUESTION DES LOYERS

PENDANT LA GUERRE

AU POINT DE VUE POLITIQUE, ÉCONOMIQUE ET JURIDIQUE

PAR RAPPORT

Aux Locations bourgeoises, commerciales et industrielles

PAR UN JURISCONSULTE

PRIX : 1 FRANC

PREMIÈRE ÉDITION

PARIS,

LIBRAIRIE E. LACHAUD, ÉDITEUR

4, PLACE DU THÉATRE-FRANÇAIS, 4

1870

LA

QUESTION DES LOYERS

PENDANT LA GUERRE

AU POINT DE VUE POLITIQUE, ÉCONOMIQUE ET JURIDIQUE

PAR RAPPORT

Aux Locations bourgeoises, commerciales et industrielles

PAR UN JURISCONSULTE

Une des questions qui agitent et passionnent le plus en ce moment la population parisienne, est celle des loyers durant la guerre. Tandis que la plus ou moins grande rigidité des échéances commerciales intéresse seulement le nombre toujours restreint des négociants débiteurs, la prorogation, l'abaissement ou même la suppression des loyers tient en éveil l'attention de tous indistinctement; car il paraît difficile de ne pas appartenir à la catégorie des locataires ou à celle plus enviable encore des propriétaires. Mais la catégorie des locataires, de beaucoup la moins fortunée, la plus nombreuse, la plus utile, par son nombre et sa condition même, à l'œuvre de la défense nationale, et à tous ces titres digne de la plus vive sollicitude de nos gouvernants, se subdivise, quand un regard scrutateur se promène sur les masses profondes qui la composent, en plusieurs classes bien distinctes, qui peuvent certainement prétendre toutes à beaucoup de bienveillance et de sympathie, quoiqu'il fallût cependant, en bonne logique, se garder de les confondre.

En tête de ces classes se place sans conteste, en raison de la foule compacte d'individus qu'elle comprend, la classe des preneurs ordinaires, qui, préoccupés avant tout de se mettre à couvert eux et leur famille, ont obtenu d'un propriétaire, moyennant un loyer convenu, l'abandon temporaire de tout ou partie de son immeuble. A la suite de ces locations exclusivement *bourgeoises*, viennent, dans l'ordre de leur importance, celles qui sont destinées, dans la pensée des preneurs, à abriter une exploitation quelconque, industrielle, financière ou commerciale, et que nous appellerons, si l'on veut, les locations *commerciales*. Puis, du sein même de cette dernière classe, se détache un embranchement notable affecté à des locations qui pourraient prendre le nom de locations *industrielles*, et auquel il importe d'autant plus d'assigner un rang à part, qu'il motivera des considérations et des conclusions tout à fait distinctes. On y doit faire entrer tous ceux qui ne se portent preneurs que pour *relouer* en détail les habitations par eux louées en bloc après les avoir garnies de meubles ; et parmi ces maîtres de maisons ou d'hôtels meublés, il faut encore distinguer ceux dont les rapports d'affaires se restreignent à des sous-locataires venus de la province ou du dehors, en un mot, à des *étrangers*, et ceux dont la clientèle se recrute parmi des gens fixés, il est vrai, à Paris, mais réduits, par la nature de leurs occupations, à des déplacements trop fréquents ou possédant des ressources trop restreintes pour pouvoir songer à se procurer une installation indépendante.

Quoi qu'il en soit, des plaintes s'élèvent de tous les rangs pour accuser la guerre actuelle et plus particulièrement l'investissement de Paris d'avoir tari les sources de revenus, permettant de faire honneur aux engagements contractés; des syndicats, autour desquels se groupent des intérêts identiques, sont en voie de formation ; les propriétaires eux-mêmes paraissent vouloir s'organiser pour tenir tête à l'orage, et le Gouvernement ne tardera pas à être mis de divers côtés en demeure de prendre une détermination. Fermera-t-il les yeux sur les malheurs privés, les oreilles aux réclamations les plus instantes et aux protestations les plus énergiques? Pourquoi le supposer?

Le Gouvernement qui, à juste titre, réprouve l'émeute, la révolte à main armée, la violence qui s'impose, n'en incline que plus sans doute vers les discussions qui éclairent, vers les représentations qui persuadent, sous peine, d'ailleurs, de tromper l'attente universelle, qui a salué surtout dans l'avénement du régime nouveau la sollicitude désormais exclusive de l'administration supérieure pour les vœux et les besoins publics. Avec ces dispositions qu'on a donc, jusqu'à preuve du contraire, le devoir d'attribuer à cette administration, quelle est la concession qu'elle jugera équitable de faire aux nombreux impétrants? C'est ici seulement que peut naître son embarras, et ces quelques pages n'ont d'autre but que de lui signaler, avec la plus grande déférence possible, parmi les partis à prendre, le plus judicieux, le plus honorable et le plus simple à la fois.

S'il convient à un gouvernement qui se respecte et veut être respecté, de prendre ses inspirations quelque part, c'est dans l'honnêteté et le droit. La régénération de notre pays n'est qu'au prix de l'observation rigoureuse du droit de la part des administrés aussi bien que du Pouvoir, et les citoyens dignes de cette qualité ne doivent pas plus vouloir triompher dans une prétention contraire à la justice et à la loi, que l'autorité ne doit consentir à y prêter la main, fût-ce même pour obéir au plus grand nombre; car s'il est un cas dans lequel elle doit savoir résister ou abdiquer, c'est celui qui se présente quand on veut obtenir d'elle la violation des lois qu'elle a mission de faire exécuter, attendu que sans ce frein apporté à ses fonctions, qui serait sûr du lendemain, qui pourrait envisager l'avenir avec sécurité?

Mais en conseillant au Gouvernement de prendre le droit pour sa règle de conduite dans l'appréciation des plaintes qui vont monter jusqu'à lui, nous désirons être bien compris. Quand nous parlons de droit, nous entendons parler du fond du droit et non d'une question de procédure. Ainsi il est évident que jusqu'ici le jugement des conflits surgissant entre propriétaires et locataires, quand ceux-ci n'avaient pas le bon esprit de les prévenir par un arrangement amiable, rentrait dans les attributions des tribunaux ordinaires. Or, ce n'est pas la connaissance de ces conflits que nous prétendons marchander au Gouvernement; qu'il se garde donc de la décliner à un moment où tout milite au contraire pour sa compétence. N'est-il pas, en effet, le Gouvernement de la *Défense nationale*, placé et maintenu à la tête du pays dans le but unique de sauver son indépendance et son intégrité menacées par l'invasion étrangère, et n'est-ce pas le caractère spécial de ce mandat qui doit seul servir à déterminer l'étendue et les limites de son champ d'activité?

Dès lors on ne saurait voir d'un mauvais œil, alors surtout que les circonstances ne permettent pas de s'arrêter à une autre combinaison, qu'aucune puissance rivale ne vienne enrayer les efforts de ceux qui poursuivent notre délivrance, que ces derniers concentrent entre leurs mains toutes les fonctions propres à concourir au résultat si ardemment convoité, et qu'ils exercent une sorte d'omnipotence, englobant non-seulement le pouvoir exécutif, mais même au besoin les pouvoirs judiciaire et législatif, sans toutefois que ces pouvoirs puissent être détournés de la destination pour laquelle ils ont été réunis.

D'un autre côté, la réussite d'une entreprise où il y va du présent et de l'avenir de la France, réclame non moins impérieusement que le cumul des pouvoirs principaux, l'harmonie la plus parfaite entre tous les citoyens, qui doivent servir les desseins de la patrie ; car nos ennemis ont déjà assez d'avantages sur nous, pour que nous n'y ajoutions pas le plus important de tous, celui qu'ils devraient à nos dissentiments, à notre désunion. Mais si les dissentiments politiques sont un dissolvant des plus puissants, les dissentiments d'intérêts ne le sont pas à un moindre degré ; et se rend-t-on bien compte, de ce que deviendrait la défense de Paris, si une bonne portion de ses habitants, se trouvant en opposition d'intérêts avec l'autre, entrait en lutte avec elle, et portait dès maintenant à la barre des tribunaux, comme ce sera probablement le cas, si sur la question des loyers aucune solution ne vient d'autre part, ses doléances et ses revendications? Les vrais patriotes doivent reculer d'effroi devant la pensée de ces combats judiciaires qui, pour être les plus passionnés et les plus acharnés de tous, mineraient infailliblement et ruineraient sans retour la résistance commune, en semant la haine, en détachant les regards des ennemis extérieurs, et en faisant surgir peut-être même, dans l'âme des malheureux, les vœux les plus impies.

Mais comme il n'en coûte rien aujourd'hui à personne de voir dans le Gouvernement de la Défense nationale, à côté de ses attributions exécutives, un juge, un arbitre et un législateur suprêmes, à temps, bien entendu, comme d'ailleurs la question des loyers est grosse de périls, qu'il convient de conjurer dans l'intérêt même du mandat, qu'il est appelé à remplir, il est donc absolument dans son rôle en l'évoquant à lui, et il ne lui reste plus qu'à se demander comment il devra s'acquitter de ce rôle.

C'est ici que revient l'idée que nous énoncions plus haut. Le Gouvernement aura sans doute agi conformément à sa mission exceptionnelle, en s'attribuant juridiction, en se substituant à la magistrature, en étouffant d'innombrables litiges à l'aide de mesures procédant par grandes catégories d'intérêts; mais quel est le point de vue qui inspirera, qui dominera ces mesures? Le lecteur qui nous aura bien suivi, devancera notre réponse, qui consiste à dire, que pour se mouvoir à l'aise au milieu des situations bigarrées qui lui seront exposées par les divers requérants, pour agir avec prudence, avec dignité, et se mettre à l'abri de toute incrimination ultérieure, il suffira au Gouvernement d'interroger le droit. Législateur de circonstance, il devra, comme tout législateur, respecter les droits acquis; juge par occasion, il devra, comme tout juge, consulter les dispositions de nos codes.

Cela posé, le problème à résoudre par le Gouvernement devient d'autant plus facile pour lui, que les sommités de la science appliquée du droit y occupent des sièges nombreux et fort importants. Aussi est-ce à peine si nous croyons utile de consigner ici les résultats auxquels conduit l'étude tant soit peu attentive des textes de notre législation civile.

Pour ce qui est, en premier lieu, des locations *bourgeoises*, il n'est pas douteux pour nous que la crise actuelle ne saurait en aucune façon autoriser leurs preneurs à faire brèche, de par la loi, aux contrats qui les lient envers les propriétaires. Tout ce que leur doivent ces propriétaires, c'est une jouissance *paisible* des lieux loués, et il ne nous paraît pas, Dieu merci, que, jusqu'à cette heure, l'artillerie des assiégeants ait rendu nos maisons inhabitables. Mais les locataires qui ne peuvent argumenter d'un trouble apporté à leur jouissance, ne peuvent pas invoquer davantage une perte totale ou même seulement partielle des locaux qu'ils occupent; et comme il n'y a cependant que l'une ou l'autre de ces circonstances qui pourrait justifier la résiliation de leurs baux, quelle arme offrent-ils à un gouvernement consciencieux qui, en prenant la place de la justice, ne veut cependant pas cesser d'être juste, pour décréter soit l'annulation des conventions, soit, comme compensation d'un droit qui ne peut être exercé, la suppression ou la réduction des loyers pour une période déterminée? Si décevante que puisse être l'appréciation de la première hypothèse pour beaucoup de calculs et d'espérances qui s'épanouissaient déjà, si dure qu'elle paraisse à nos propres sympathies qu'éveille le spectacle navrant de tant d'infortunes imméritées, nous ne pouvons cependant que confesser, en toute sincérité, qu'à nos yeux le droit des bailleurs de locations bourgeoises doit rester intact, et que, sans blesser toutes les règles, leur qualité de créanciers ne saurait être entamée. Quelque nombreux que soient donc les termes qui puissent venir à échoir, au milieu même des conditions les plus calamiteuses, on ne saurait contester, en thèse générale, que les locataires dont il s'agit deviennent débiteurs de leur montant ; mais cette concession une fois faite aux principes, nous aurons à nous demander, par la suite, si, sans porter atteinte au droit du propriétaire, considéré en lui-même, le Gouvernement ne pourrait pas, se pénétrant de son mandat comme aussi de considérations de fait on ne peut plus impérieuses, en modérer sensiblement l'application.

Ce point demeurant réservé, nous avons le regret de constater, en passant maintenant à la catégorie des locations *commerciales*, qu'il n'est guère possible de la traiter mieux que la précédente. Cette assimilation, à laquelle le sentiment peut résister sans doute, est dictée néanmoins par des raisons juridiques inflexibles. Ce n'est pas qu'à la rigueur on ne puisse faire valoir, au profit des preneurs de la seconde catégorie, des moyens qui échappent aux preneurs de la première. Ainsi, il est bien certain que le preneur d'un appartement bourgeois compte le plus souvent sur ses revenus ordinaires et plus ou moins assurés, pour solder son propriétaire, tandis que le fabriquant, le boutiquier, le cafetier, le négociant enfin, ne compte que sur ses recettes, sur son débit, sur ses opérations commerciales, pour satisfaire son bailleur; il est bien certain aussi que ces derniers, en se portant preneurs d'établissements consacrés à des affaires, qu'on suppose devoir être lucratives, ont subi, en contractant, la loi du propriétaire, en ce sens que le loyer a été évidemment fixé en vue de prévisions heureuses, sans faire la part d'événements aussi imprévus, aussi inouïs que l'investissement de la capitale de la France ; et il est bien certain encore que, quand des fonds de commerce se perpétuent avec une destination uniforme, qui en augmente de jour en jour les chalands, ils procurent au local qui y est affecté une plus-value des plus considérables, dont le propriétaire est seul à bénéficier et dont il s'empresse d'ailleurs de tirer parti à chaque renouvellement de bail, ce qui le lie aussi moralement aux vicissitudes mauvaises de l'entreprise, et doit l'empêcher de se désintéresser, en bonne conscience, des désastres sans remède qu'elle peut éprouver.

Mais il serait peut-être difficile de répondre à un propriétaire qui apostropherait son locataire commerçant de la façon suivante : « Que vous ai-je loué ? des magasins, des ateliers, une boutique. Etes-vous troublé, êtes-vous inquiété dans la jouissance des lieux pour l'occupation desquels seule nous avons établi des rapports ensemble et vous avez contracté des engagements envers moi ? Vous ne le prétendez même pas, tant votre possession est paisible et complète. Me suis-je porté dans notre bail, garant vis-à-vis de vous d'un chiffre d'affaires quelconque ? Nullement. Il est possible que je vous aie astreint, par une clause spéciale du contrat, à vous en tenir à une branche de commerce déterminée ; mais vous ne pouvez pas argumenter de mesures de précaution que j'ai prises, de votre consentement, *contre* vous, pour mettre maintenant à ma charge des obligations auxquelles je n'ai pas plus souscrit qu'elles ne résultent de la nature même de notre convention. Comment, en effet, par cela que je vous fournis simplement un emplacement pour y gérer, à votre guise, une industrie donnée, pourrais-je être responsable de votre clientèle ? Autant du même coup me demander de vous indemniser des mauvais placements, des mauvaises créances que vous avez pu faire. En définitive, vous vous plaignez de la stagnation des affaires. J'en suis désolé ; mais qu'y puis-je, en tant que propriétaire ? Quand vous avez pris mon local, ce n'est pas lui qui devait vous procurer des bénéfices, mais votre trafic ; vous avez spéculé sur vos marchandises, non sur ma maison. Ma maison vous a rendu et vous rend encore les services qu'elle est destinée à rendre ; gardez-la donc et payez-moi. »

Nous serions tenté même de rappeler au profit du propriétaire, qui est peut-être généralement trop malmené, que, sans le placement qu'il fait de ses capitaux, un des premiers besoins de la vie en société ne recevrait pas satisfaction ; que les charges qui lui incombent, alors même que son immeuble est habité, ne laissent pas que d'être encore assez lourdes, quand on tient compte des contributions foncières, des grosses réparations, etc. ; qu'il est loin d'ailleurs d'être toujours l'homme aisé, que l'on suppose, car plus d'une fois le prix de revient de la maison est dû, en partie, par lui, au Crédit foncier ou à tout autre prêteur ; que le propriétaire, qui tire parti de sa chose, paraît avoir droit à la même protection que le marchand qui débite ses articles, ou l'artisan, qui vit de son travail ; qu'il y aurait autant d'injustice à exonérer, sans motifs légitimes, le locataire de ses loyers vis-à-vis de son propriétaire, pour lequel ces loyers constituent des fruits civils, qu'il y en aurait à exonérer le premier débiteur venu du paiement des intérêts conventionnels, autres fruits civils, d'une somme qui lui aurait été avancée ; et qu'enfin il y a peut-être un peu d'exagération à prétendre que, payé intégralement des locataires qu'il a, le propriétaire ne supporterait aucune part du malheur qui frappe la grande majorité des citoyens, attendu que la guerre, compliquée du siége, laisse vacants bien des locaux, qui eussent sans doute trouvé des maîtres en temps ordinaire, et qu'elle semble aussi devoir entraîner à sa suite une diminution sensible et probablement persistante des loyers.

Mais si jusqu'ici il nous a paru que le droit du propriétaire devait l'emporter sur les réclamations des preneurs, nous voici arrivé à une catégorie, pour laquelle notre proposition va se trouver renversée : nous voulons parler des locations *industrielles*. La raison d'être de ces locations est tellement spéciale, leur position juridique tranche tellement sur celle des locations précédentes, qu'on pourrait s'étonner que le législateur de 1804 ne leur eût pas consacré une section spéciale, si on ne savait, qu'au commencement de ce siècle l'industrie des meublés, qui implique un courant d'étrangers considérable, ne pouvait avoir pris encore qu'un développement microscopique, imperceptible, indigne de toute attention sérieuse, confinée qu'elle était dans les limites les plus étroites par des voies de communication très-pénibles, par des relations internationales languissantes, par des vexations de toute sorte exercées contre les voyageurs, et parmi lesquelles les visites de douane, les passe-ports, les tracasseries d'une police ombrageuse tenaient une place des plus importunes. A défaut donc d'une réglementation, qui leur fût exclusivement applicable, il ne reste qu'à les soumettre au droit commun. Mais ce terrain, nous avons hâte de le dire, ne leur est nullement contraire, et nous espérons être assez heureux pour aplanir devant la jurisprudence future, des voies qu'elle n'a pas encore parcourues. Toutefois, comme la matière, à laquelle nous touchons, est la seule qui tienne en suspens la théorie par nous développée jusqu'ici, il est naturel que nous nous y arrêtions avec un peu plus de détail, ne fût-ce que pour justifier cette exception unique. que comporte notre doctrine.

Que l'exception, motivée par une espèce aussi spéciale, et dont la sphère d'application est relativement très-circonscrite, soit ou non favorable, nous n'avons pas à le rechercher, sans quoi nous regretterions peut-être nous-même de ne pouvoir l'étendre aussitôt à d'autres espèces, à la rescousse desquelles des démonstrations et des considérations plus ou moins décisives pourraient sans doute se porter en foule ; mais l'important ici, c'est qu'elle existe ; car par le fait même de son existence, surtout si cette existence est contestable, l'exception acquiert, nonobstant sa portée infime, droit de cité dans une thèse essentiellement juridique, qui mesure la place à accorder sur la difficulté des problèmes à résoudre, bien plus que sur les chiffres engagés dans telle ou telle partie de la dissertation.

Or, un examen rapide de la situation de fait et de droit, qui appartient aux preneurs de locations industrielles, permettra peut-être de reconnaître que ces preneurs réunissent en eux les conditions voulues pour pouvoir, avec quelque confiance, attendre du Gouvernement *l'exonération* des loyers·conventionnels depuis la déclaration de la mise en état de siége jusqu'à la cessation du blocus de Paris.

Si, en effet, Paris est devenu la ville la plus civilisée, la plus attrayante, la plus courue du monde, il le doit sans conteste, d'une part, à sa municipalité, qui ne recule devant aucun effort pour en rendre, à l'aide de percées nouvelles, d'une édilité prévoyante, de monuments, d'établissements et de fondations de toutes sortes, le séjour aussi fructueux, aussi intéressant et aussi agréable que possible, et d'autre part, à une industrie particulière, sans laquelle l'affluence extraordinaire de provinciaux et d'étrangers dont cette cité offrait, avant la guerre, le spectacle unique, serait devenue radicalement impossible. C'est grâce à l'industrie en question, qui n'est autre que celle des maisons et des hôtels meublés, et qui, bien que peu ancienne encore, a déjà acquis un accroissement prodigieux, que nos chemins de fer versaient tous les jours dans la capitale des armées de personnes avides de voir, de savoir ou de jouir, venant des départements ou des pays étrangers, et qui certes n'auraient pas choisi Paris pour leur résidence passagère, s'il leur avait fallu, pour quelques jours, quelques semaines ou quelques mois, s'y installer et s'y mettre dans leurs meubles. Ne résulte-t-il pas de là que les avantages innombrables attachés à la présence dans la ville de tant de visiteurs, avantages découlant de la production et de la consommation agrandies, du rayonnement plus intense de la vie intellectuelle et artistique, de la profusion des dépenses de luxe et même du développement des relations internationales, avantages dont tous les habitants de Paris ont été, chacun dans sa sphère, appelés à bénéficier, doivent être, si l'on veut être équitable, attribués à ces humbles industriels qui s'ingénient pour procurer à leurs hôtes tout le confort désirable? N'en résulte-t-il pas, en outre, que paralyser cette branche d'activité, en accablant ceux qui s'y adonnent sous des charges démesurées et ruineuses, serait du même coup porter une atteinte funeste à toutes les autres branches qui s'exercent à Paris, et dont il importe d'autant plus de les préserver, que ce n'est qu'à ce prix que Paris pourra, dans un prochain avenir, se relever de la catastrophe où il s'engloutit à l'heure présente? Mais si les vicissitudes des maisons et hôtels meublés commandent, dans une certaine mesure, la situation économique et extra-économique de la capitale, il n'est pas moins vrai, pour le même motif, que ces vicissitudes sont gouvernées par le mouvement plus ou moins considérable d'étrangers à Paris ; car, encore une fois, ce ne sont pas les habitants proprement dits qui alimentent leur clientèle, même au degré le plus infime.

Plus il y a donc d'étrangers parmi nous, plus leurs affaires sont prospères ; mais si par hasard il n'y en avait plus du tout, ces affaires seraient frappées inévitablement de stagnation, d'immobilité et de mort, et les exploitants se trouveraient privés des bénéfices, sur lesquels leurs conventions, leurs sacrifices, leur labeur incessant leur donnaient certainement le droit de compter. Or, pour leur malheur, c'est là précisément ce qui leur arrive.

Le Gouvernement n'ignore pas, en effet, qu'une des premières dispositions, conseillées par la déclaration de guerre à la Prusse, a été l'expulsion rigoureuse de tous les nationaux appartenant aux puissances belligérantes ennemies, ce qui a brusquement dégarni la cité de tous les forains d'origine allemande, en raison du faisceau, qu'au point de vue militaire, la Confédération du Nord a formé avec presque toutes les races germaniques. Mais ce n'est pas tout ; car, lorsque les prévisions d'un investissement de Paris se sont accentuées, les rangs des personnes appartenant aux États neutres ont commencé à leur tour à s'éclaircir largement ; puis, quand le blocus a cessé d'être une menace pour se convertir en une triste réalité, la déroute est devenue complète, et c'est ainsi encore que récemment nous avons vu, à la suite de négociations, s'ouvrir les portes devant les derniers retardataires des grandes nationalités russe, anglaise, américaine et autres, que la curiosité ou un intérêt quelconque avait jusque-là retenus dans nos murs. Pourquoi, au surplus, à moins d'y être conviés par l'amour ardent du sol natal, se seraient-ils résolus à affronter les horreurs du siége, de la famine et de l'insurrection, et à essuyer même le feu meurtrier de l'ennemi, auquel il a été très-sérieusement question de les conduire en compagnie de tous les autres citoyens ? Il est superflu d'ailleurs de parler même des provinciaux, que le souci de leur sécurité et de leurs intérêts les plus chers avait ramenés, à la première alarme, dans leurs foyers respectifs. Mais tous ces fuyards, en désertant la ville, pour obéir à des injonctions formelles ou à l'arrêté préfectoral concernant les bouches inutiles, ou à une impulsion morale tout aussi irrésistible, n'ont pas seulement dépeuplé les habitations qui les avait accueillis, ils se sont encore, pour la plupart, affranchis même, par leur départ forcé et précipité, de leurs obligations échues et soustraits tout au moins aux engagements par eux contractés pour l'avenir, attendu que les meubles qui garnissaient les lieux, n'étant pas les leurs, ne pouvaient servir à garantir leurs dettes, et que les juridictions saisies jusqu'ici ont dû, en présence d'un cas de force majeure aussi caractérisé, les délier vis-à-vis de leurs locateurs; de telle sorte, que la question pendante se réduit à des termes bieu simples : les maîtres de maisons ou d'hôtels meublés ont été, par la force même des choses et à leur corps défendant, frustrés dans leurs espérances les plus légitimes, frustrés dans leurs revenus, frustrés dans leur clientèle, qui non-seulement les délaisse sans régler le passé et sans respecter l'avenir, mais qui, vu l'état de siége, ne peut même pas être remplacée par une clientèle nouvelle; est-il juste, dès-lors, est-il équitable que, sans prise aucune sur leurs anciens locataires, et impuissants, par suite d'événements majeurs, à en trouver d'autres qui leur permissent de tirer le moindre parti des lieux par eux loués avec cette destination exclusive, ils soient cependant, eux, qui ne sont pas autre chose eux-mêmes, vis-à-vis de leurs propriétaires, que de simples preneurs, ils soient, disons-nous, astreints seuls à faire honneur, sans la moindre réserve ni réduction, à des engagements qui, véritablement, sont, aujourd'hui, *sans cause*, puisqu'ils sont sans compensation? Le bon sens répond non : voyons ce que décide la loi, et si par le secours qu'elle offre, elle ne prend pas implicitement sous sa sauvegarde le remède de l'exonération temporaire des loyers, que nous signalions tout à l'heure par anticipation?

Les obligations réciproques du bailleur et du preneur ont été soigneusement précisées par la loi. Tandis que l'obligation du preneur consiste à user de la chose louée en bon père de famille, suivant la destination qui lui a été donnée par le bail, et à payer le prix du bail aux termes convenus, le bailleur, au contraire, est tenu, aux termes de l'article 1719 du code civil, par la nature même du contrat, non-seulement de délivrer au preneur la chose louée, mais encore d'entretenir cette chose en état de servir à l'usage pour lequel elle a été louée, et d'en *faire jouir* paisiblement le preneur pendant la durée du bail. Ajoutons, pour compléter notre base d'argumentation, que conformément à l'article 1741, le défaut du bailleur et du preneur de remplir leurs engagements, entraîne la résolution du contrat de louage. Ainsi le bailleur, ou si l'on veut le propriétaire, doit sous peine de résiliation du bail, *faire jouir* son locataire, expression technique et caractéristique, qui signifie, manifestement, que les obligations du propriétaire ne s'arrêtent pas à la délivrance, mais qu'elles se continuent pendant toute la durée du bail, avec le but d'assurer au preneur l'avantage en vue duquel il avait traité. Sous ce rapport, la position du bailleur diffère essentiellement de celle d'un nu-propriétaire à qui l'usufruitier peut uniquement demander de le *laisser jouir*; autrement dit, autant les obligations de nu-propriétaire sont passives et se réduisent à une complète abstention, autant celles du bailleur sont actives, persistantes, continues. Quel que soit donc le sort réservé à la chose donnée en usufruit, l'usufruitier n'a aucune réclamation à élever du moment où le nu-propriétaire n'est pour rien dans le fait qui trouble ou anéantit la jouissance; au contraire, quand la jouissance du preneur est enrayée ou supprimée, le bailleur est obligé de venir à son aide et de la rétablir dans les conditions initiales qui avaient déterminé les contractants ; car, encore une fois, son assistance doit être incessante, et il ne se trouve quitte envers le preneur qu'autant qu'il met ce dernier à même d'obtenir de l'objet du contrat des services ininterrompus. Cette comparaison et ces principes étant classiques, il n'y a même pas à y insister; mais c'est dans l'application des mêmes principes, dans l'interprétation des devoirs du bailleur, qu'il peut y avoir matière à hésitation. Il peut sembler, en effet, au premier coup d'œil, que les maîtres de maisons ou d'hôtels meublés n'étant nullement inquiétés et dérangés dans les lieux loués — c'est même vraisemblablement ce qui les désole — ne sont en aucune façon fondés à se plaindre de leurs propriétaires, et par exemple à poursuivre l'annulation des conventions. Mais pour revenir de cette appréciation, il importe de séparer nettement leur cause de celle des locataires ordinaires, avec lesquels ils n'ont à vrai dire de commun que le nom, la qualification générique et des règles générales, mais desquels ils se séparent par un objectif distinct qui les place, au point de vue des revendications à exercer aujourd'hui, dans une situation certainement préférable, en ce que l'hypothèse prévue par la loi pour la résiliation des baux est déjà réalisée pour eux, quand elle ne l'est peut-être pas encore pour les preneurs habituels. Non pas assurément qu'il pût être question d'affaiblir, au détriment de ceux-ci, la vive sympathie que leur position a fait naître, et de décourager les efforts généreux faits par plusieurs des plus vaillants magistrats municipaux de Paris, pour venir au secours de leur impuissance en demandant qu'ils fussent déchargés d'une partie de leur loyer ; mais ces marques précieuses d'intérêt qui, rapprochées de l'espèce en cause, lui fournissent en quelque sorte un *à fortiori*, et que par conséquent nous sommes très-loin d'incriminer, n'autorisent cependant pas à confondre deux situations, entre lesquelles une analyse un peu attentive révèle des différences sensibles. Ainsi, que désire le premier citoyen venu, quand il se met à la recherche d'un logement? Trouver un gîte, un abri, un intérieur, qui lui permette d'y accomplir tous les actes de la vie domestique. Or, est-il besoin d'observer que ni la guerre, ni le siége ne le prive en aucune façon des avantages d'une location bourgeoise, du moment où son appartement continue à remplir toutes les conditions de sécurité matérielle désirables, et qu'on n'aperçoit pas dès lors, à première vue, un fondement rationnel à une action en résiliation de sa part.

Il en est, au contraire, tout différemment des maîtres de maisons ou d'hôtels meublés. Les baux, qu'ils concluent, sont-ils destinés à leur fournir personnellement un asile, une retraite? Ils ont si peu cette destination, que la plupart des industriels dont s'agit se casent partout ailleurs que dans les lieux affectés à leur exploitation commerciale. Car c'est une *exploitation commerciale* qui est leur objectif quand ils contractent, et cette exploitation consiste, qui ne le sait, à *relouer* meublés les locaux qu'ils ont eux-mêmes loués du propriétaire avec ou sans meubles. C'est donc uniquement la possibilité matérielle et morale d'une relocation qui les détermine à traiter avec le propriétaire, et c'est si bien sur cette affectation spéciale que se concentre la pensée des parties contractantes, que le plus grand nombre de baux consentis interdisent formellement au preneur d'employer les maisons ou hôtels loués à un usage différent. Voilà ce qu'il importe de bien voir pour se rendre compte de la distance qui sépare ce cas du cas précédent.

Tant que le logement occupé par le preneur de droit commun est habitable, il serait mal venu à se récrier contre le propriétaire, qui fait ce qu'il doit ; et il en serait encore de même de tout preneur qui exercerait chez lui une industrie autre que celle dont nous articulons en ce moment les griefs légitimes. Quelle que soit, en effet, cette industrie, elle ne se rattache jamais d'une façon intime et inséparable à l'emplacement qui lui sert de refuge. Telle maison de banque qui chôme, telle fabrique qui ferme ses ateliers, tel magasin qui ralentit sa vente ne seraient pas aujourd'hui plus florissants au centre qu'à l'extrémité de Paris. L'état de toutes ces affaires est indépendant de leur siége, et il est même permis de penser que certaines maisons, impuissantes peut-être à écouler quant à présent le stock plus ou moins considérable de marchandises ou de produits qu'elles ont devers elles, ne tarderont pas dans un prochain avenir à bénéficier sur ces mêmes articles, dont les similaires feront défaut ou seront bien coûteux à établir, d'une plus-value largement compensatrice. En tout cas, et c'est là surtout ce qui importe dans la discussion actuelle, aucune corrélation étroite, aucun lien de connexité n'existent entre une entreprise commerciale, financière ou industrielle quelconque et l'espace où elle se meut ; ce n'est pas sur les murs en dedans desquels ils opèrent, que les banquiers, fabricants, négociants, débitants comptent pour la réussite de leurs opérations, et tant donc que ces murs, qui faisaient l'unique objet de la convention entre eux et le propriétaire restent debout, c'est à eux seuls en droit à supporter les revers que leur infligent les circonstances extérieures. Au contraire, pour les maîtres de maisons ou d'hôtels meublés, ces maisons et ces hôtels ne sont pas seulement le *moyen*, mais encore le *but ;* car ils les louent non pas pour les utiliser à telle ou telle spéculation, mais simplement et exclusivement pour les relouer ; de même que l'épicier achète de la cassonnade pour la revendre, eux ne prennent d'appartements que pour les céder ; c'est donc cette destination spéciale des appartements qui fait l'objet précis du contrat passé par eux avec leurs propriétaires, et quand cette destination est impossible, comme c'est le cas aujourd'hui, puisque les étrangers, qui seuls pouvaient la remplir, ont pris universellement la fuite, ils doivent, en bonne logique, pouvoir échapper à des contrats qui cessent de leur donner la satisfaction implicitement promise. Ainsi le veut d'ailleurs cet article 1741, cité plus haut, qui attache la résiliation des baux à l'inexécution

des obligations du bailleur, et il n'est pas douteux qu'ils seraient
autorisés à demander en justice, outre la résiliation, des dommages-
intérêts à leurs bailleurs, si l'inexécution des engagements ne résul-
tait pas, dans l'espèce actuelle, d'un cas de force majeure qui ne
saurait donc être imputé à faute à ces derniers. Mais quant à la
résiliation au moins, aucun moyen de défense ne saurait les y sous-
traire, étant donné d'une part, que les bailleurs sont tenus de *faire*
jouir, et d'autre part, qu'ils sont dans l'impossibilité absolue de procurer cette jouissance. Et que les propriétaires ne disent pas que
les maîtres de maisons ou hôtels meublés, en louant en gros pour
relouer en détail après transformation, s'adonnent à une spéculation
dont ils doivent courir toutes les chances, bonnes ou mauvaises, et
qu'ils n'insistent pas sur des bénéfices que leurs locataires principaux ont pu faire en des temps meilleurs! Car, d'abord, *en fait*,
quand ces propriétaires consentent des baux aux preneurs en question, auxquels des clauses expresses interdisent le plus souvent,
comme nous l'avons dit déjà, toute autre industrie, ils ne manquent
jamais d'escompter par avance, en renforçant considérablement les
loyers, les bonnes fortunes éventuelles pouvant advenir à la suite
de voies nouvelles, d'expositions, de congrès, etc., et si d'ailleurs
des résultats même excellents peuvent être parfois recueillis, ils ne
sont dus en aucune façon à la participation du propriétaire, ils
ne sont que la juste rémunération des efforts, des démarches, des
dépenses, des sacrifices, du goût dans l'arrangement, de l'aménité
et de l'empressement dans les procédés, du savoir-faire enfin et des
risques ordinaires de l'industriel qui sans doute se sert des locaux
comme de sa matière première, mais comme d'une matière première
transformée, embellie et agrémentée. Et puis, qui ne voit qu'il ne
s'agit pas malheureusement ici d'une question de plus ou de moins ;
car ce n'est pas seulement une crise que ces preneurs traversent ou
des mortes-saisons auxquelles ils ne sont sans doute que trop habi-
tués ; ils ne sont pas même atteints par un de ces terribles fléaux,
par une de ces maladies contagieuses qui, en chassant de la ville
contaminée beaucoup de personnes étrangères, ne les chassent
cependant pas toutes en laissant les communications ouvertes pour
des arrivages nouveaux ; l'épreuve actuelle n'a pas ce caractère benin
et relatif, mais se traduit par cette formule absolue, *qu'il n'y a plus*

à vrai dire d'étrangers à Paris, de telle sorte que ce n'est pas une jouissance incomplète, mais une jouissance totalement absente qui se trouve déférée à la sollicitude du Gouvernement, et que la condition à laquelle la loi a subordonné l'annulation des baux se trouve ainsi parfaitement réalisée en *droit*.

Mais la résiliation, qui se déduit rigoureusement, comme on vient de le voir, de l'article 1741 combiné avec l'article 1719, pourrait, dans notre hypothèse, s'inférer également sans effort de l'article 1722, aux termes duquel : « si pendant la durée du bail la chose louée est détruite en totalité par cas fortuit, le bail est résilié de plein droit; si elle n'est détruite qu'en partie, le preneur peut, suivant les circonstances, demander une diminution du prix ou la résiliation même du bail. »

N'est-il pas évident, en effet, que nous pouvons appliquer aux industriels dont s'agit la dernière prévision de l'article, se référant à une perte partielle de la chose louée, puisque ce qu'ils ont véritablement entendu louer, ce ne sont pas des maisons ou hôtels à occuper par eux-mêmes, mais des maisons ou hôtels à faire occuper par autrui; ce qu'ils ont voulu obtenir par leurs contrats, ce n'est pas une jouissance personnelle, mais la possibilité de transférer une jouissance à des tiers. Ce qui revient à dire que pour les maîtres de maisons ou d'hôtels meuLlés, la chose louée pendant tant d'années consiste en tant d'années de jouissance transmissible, et que toute privation de cette jouissance pendant un certain temps, constitue une perte partielle. Ainsi, tandis que dans les cas les plus fréquents la perte partielle de la chose louée s'entend de l'effondrement d'une partie de l'habitation, ici, *secundum subjectam materiam*, elle doit s'entendre d'une limitation de jouissance dans le *temps*, considéré comme régulateur ou mesureur de l'objet de la convention. En conséquence, celui d'entre eux à qui aurait été consenti un bail de trois ans, qui lui représente trois années de jouissance *en relocation*, pourrait, si les événements militaires se prolongent pendant six mois, argumenter d'une perte partielle d'un sixième de la chose à lui louée, pour réclamer à son client une diminution de prix ou la résiliation de son bail; car c'est bien ici le cas de dire que si la lettre de la loi tue, son esprit vivifie.

Une demande en résiliation introduite par les représentants de l'industrie des meublés devant la juridiction civile serait donc nécessairement assurée du bon accueil réservé par la justice à toutes les causes qui ont leurs racines dans la loi et dans des intérêts gravement compromis ; et cela posé, il peut paraître infiniment moins facile et désirable au Gouvernement, de se refuser, en ce qui les concerne, à la suppression des loyers dans les limites rigoureuses tracées plus haut, attendu que, de toutes les solutions, c'est celle, assurément, qui, de tous côtés, devra être accueillie avec le plus de faveur. Elle aurait tout d'abord l'avantage inestimable de tarir une source abondante de procès d'autant plus fâcheux, que, plus que jamais, l'harmonie doit régner entre tous les citoyens, en vue du but commun à poursuivre au regard des hordes qui nous envahissent. Elle est, d'ailleurs, indiquée aussi par l'article 1722 sus-énoncé, qui laisse au preneur l'option entre la résiliation ou une diminution proportionnelle du prix, et elle est indiquée encore par l'article 1721, qui mérite d'être littéralement rapporté :

« Il est dû garantie au preneur, dit cet article, pour tous les vices ou défauts de la chose louée, qui en empêchent l'usage, quand même le bailleur ne les aurait pas connus lors du bail. S'il résulte de ces vices ou défauts quelque perte pour le preneur, le bailleur est tenu de *l'indemniser.* » Or, le préjudice consistant ici dans la *privation* temporaire de loyers, quoi de plus naturel que de faire consister l'indemnité dans *l'affranchissement* temporaire de loyers?

Car nous ne pouvons admettre qu'on voulût décliner l'application des articles 1719, 1721 et 1722, sous prétexte que ces articles, en parlant de jouissance paisible, de pertes partielles et de vices ou défauts de la chose louée, se seraient référés seulement à des empiétements, à des imperfections et à des dégâts matériels. Cette interprétation judaïque du texte, qui matérialiserait notre belle législation et cantonnerait le législateur sur un espace des plus étroits, où elle le condamnerait à l'immobilité, lui fait injure et une injure gratuite. Si le législateur a tenu le langage que nous avons reproduit, c'est en s'inspirant sans doute de l'hypothèse la plus vulgaire, la plus fréquente d'une location bourgeoise, sans autre souci d'une situation qui ne devait même pas se présenter encore à sa pensée, par ce motif que l'industrie des meublés n'a guère pris son essor que dans les tout derniers temps.

Quand donc des conditions nouvelles surgissent, c'est à ceux qui sont appelés à faire droit à y accommoder les dispositions existantes, à étendre les règles édictées pour les espèces prévues aux espèces analogues qui ne le sont pas. Tous les jours ce procédé est mis en pratique par la jurisprudence, qui, plutôt que de requérir à chaque instant l'intervention de l'officine législative, préfère sagement développer les germes féconds déposés dans nos Codes.

S'il nous fallait maintenant un argument d'analogie frappant au soutien de la mesure que pourrait prendre le Gouvernement, il nous serait fourni par les articles 1769 et 1770, placés sous la rubrique spéciale : « Des règles particulières aux baux à ferme, » et sous la rubrique générale : « Du contrat de louage. » Voici comment sont conçus ces articles :

Art. 1769. — « Si le bail est fait pour plusieurs années, et que pendant la durée du bail la totalité ou la moitié d'une récolte au moins soit enlevée par des cas fortuits, le fermier peut demander une remise du prix de sa location, à moins qu'il ne soit indemnisé par les récoltes précédentes. S'il n'est pas indemnisé, l'estimation de la remise ne peut avoir lieu qu'à la fin du bail, auquel temps il se fait une compensation de toutes les années de jouissance. Et cependant le juge peut provisoirement dispenser le preneur de payer une partie du prix en raison de la perte soufferte. »

Art. 1770. — « Si le bail n'est que d'une année et que la perte soit de la totalité des fruits ou au moins de la moitié, le preneur sera déchargé d'une partie proportionnelle du prix de la location. »

Quelle objection opposer à cet argument? Peut-être dira-t-on que l'indemnité ne doit être, d'après les articles précités, allouée au fermier privé de la moitié au moins d'une récolte, qu'autant que les récoltes passées ou à venir ne rétablissent pas l'équilibre, et que dès lors, si l'on veut utiliser cette décision, il faut faire entrer en ligne de compte les excédants de bénéfices recueillis ou à recueillir par les preneurs en cause. Mais il est trop facile de comprendre que l'assimilation ne doit pas aller jusque-là ; on s'explique, en effet, très-bien que le propriétaire ne tienne pas compte à son fermier d'un déficit accidentel, quand les récoltes passées ou futures doivent le combler, parce que l'abondance de ces récoltes relève de phénomènes naturels, dont le fermier ne peut nullement s'attribuer le mérite, les bienfaits, et dont il doit, par conséquent, être comptable, tandis que, si le maître d'une maison ou d'un hôtel meublé réalise avant ou après le chômage forcé quelques bénéfices, il est d'autant plus autorisé à se les attribuer définitivement, qu'il ne les doit qu'à sa propre industrie.

Mais, encore une fois, l'indemnité qu'octroyerait certainement la justice, c'est au Gouvernement de la Défense nationale que nous demandons de la décréter, pour le motif de patriotique convenance, invoqué précédemment, sans se laisser détourner de cette libéralité, qui n'excédera pas le droit, puisqu'elle ne l'épuisera même pas tout entier, par des théories générales inopportunes ou des clameurs aussi intéressées qu'inintelligentes.

C'est ainsi qu'on cherchera sans doute à le circonvenir au nom du respect qui est dû aux conventions ; et il est bien certain qu'en parlant des conventions comme d'un sanctuaire inviolable, comme d'une arche sainte sur laquelle il est défendu de porter la main, l'on parvient toujours à produire un certain effet. Mais le Gouvernement saura percer ce mirage trompeur et ne manquera pas de s'apercevoir que ce que nous réclamons, c'est *précisément* le maintien des contrats, puisqu'en échange d'une concession restreinte, les intéressés devront naturellement se désister d'une action qui aurait pour effet d'anéantir les traités intervenus. Le Gouvernement entrera donc probablement dans la voie pacificatrice que nous osons lui indiquer ; on en a d'ailleurs pour garant l'attitude qu'il a su prendre jusqu'ici dans des cas analogues, par suite d'un concours de circonstances qui l'ont investi, comme malgré lui, de tous les pouvoirs à la fois.

Si l'obligation de payer des loyers résulte du contrat de louage, l'obligation de les payer à des termes fixes en est une clause non moins inséparable ; et cependant le Gouvernement, s'inspirant du salut public, qui prime en effet toutes les autres considérations, n'a pas hésité à proroger déjà ces échéances aussi bien que celles des effets de commerce, quoique l'article 1244 réservât exclusivement ce droit aux tribunaux ordinaires. Evidemment, en faisant ainsi invasion dans le domaine de la justice et en déliant d'office les citoyens, dans une certaine mesure, des engagements contractés, l'administration supérieure a voulu prévenir d'innombrables litiges et faire régner la concorde qui, en ramenant la fortune de la France, peut seule préserver les créanciers de pertes plus sensibles encore. Or, en ce moment, nous ne faisons autre chose que prier le Gouvernement d'emprunter à la magistrature, dans le même but, une autre attribution qui lui est, d'après ce que nous venons de voir, également dévolue.

N'avons-nous pas vu aussi l'autorité soumettre à une taxe rigoureuse les articles essentiels servant à l'alimentation? et si elle n'a pas craint de suspendre de la sorte une des libertés les plus élémentaires des sociétés modernes, celle qui permet à chacun de disposer à sa guise des biens par lui acquis, il faut donc qu'Elle se soit trouvée en face d'un ordre de choses inusité, légitimant cette dérogation aux lois fondamentales de l'économie politique.

Argumentant de l'absence de toute concurrence, Elle a limité le prix de ces denrées; pourquoi, argumentant de l'absence de tous étrangers, ne limiterait-Elle pas les obligations du preneur de meublés, qui, comme consommateur d'appartements, ne doit pouvoir être livré discrétionnairement au propriétaire qu'autant qu'il peut répondre à ses exigences par l'affluence de locataires en second?

Les baux existants ne s'en trouveront que plus consolidés dans leur économie générale, et l'amputation ne portera que sur les portions caduques. Car autant que qui que ce soit, nous professons l'inviolabilité des contrats ; mais quand le législateur veut donner une idée, la plus élevée possible, de l'autorité attachée aux conventions, il dit « qu'elles font *loi* entre les parties. » Or, les lois ne sont pas immuables, et chaque jour les citoyens peuvent se voir enlever des avantages sur lesquels ils croyaient pouvoir faire le fonds le plus solide. N'est-ce pas ainsi que, par des mesures présentes à l'esprit de tous comme émanant du Gouvernement actuel lui-même, de simples gardes nationaux peut-être déjà très-récalcitrants à l'endroit des minces corvées à exécuter autrefois, sont incorporés dans l'armée active ; qu'il a été anticipé aussi, à plusieurs reprises, sur l'époque assignée à la conscription, et que des jeunes gens, jadis tombés au sort et s'étant rachetés, ont perdu le bénéfice de leur traité libératoire.

L'Etat a cru pouvoir, en effet, sous la pression de circonstances extraordinaires, modifier les rapports établis entre lui et les particuliers, et, dès lors, quelle considération majeure pourrait mettre obstacle à ce que, sous la même influence et dans la mesure toutefois du strict nécessaire seulement, il modifiât aussi les rapports entre simples particuliers, alors surtout qu'il est de principe, en droit administratif, que l'intérêt public est fondé à imposer à l'intérêt privé tous les sacrifices sans lesquels l'intérêt général pourrait être compromis.

Le Gouvernement qui, en vue de l'accomplissement de sa grande mission, a été investi par la volonté populaire de la plénitude du pouvoir, est par cela même compétent en ce qui concerne notre demande, et il a d'ailleurs affirmé sa compétence par une série de résolutions, empiétant, les unes sur le domaine du juge, les autres neutralisant les lois économiques les plus respectables et même des lois quasi-constitutionnelles, tant il a compris que le salut public l'emporte sur tous les droits, *salus populi suprema lex esto.*

Pourquoi donc ne serions-nous pas écouté, nous qui demandons seulement au Gouvernement de sanctionner, sans laisser les adversaires en venir aux mains devant les tribunaux, la disposition la moins rigoureuse de la loi, concernant l'allocation d'une indemnité qui se traduit logiquement par la dispense de payer les loyers d'une période néfaste ; d'autant mieux qu'indépendamment des précédents fournis par le Gouvernement, des articles du Code si impératifs par leur esprit et leur lettre, et des inspirations de la justice la plus vulgaire, la sauvegarde de l'intérêt des propriétaires et de plusieurs autres personnes encore, milite elle-même en faveur d'une cause, dont le triomphe n'importe donc pas qu'aux personnes directement en jeu.

L'intérêt de tiers est manifeste ; il apparaît aussitôt qu'on veut supposer un instant que les espérances des intéressés puissent être déçues ; qu'arriverait-il, en effet, s'ils ne pouvaient parvenir à faire prévaloir notre argumentation ? Un arriéré de loyers s'accumulerait en sommes d'autant plus fortes, que la crise se prolongerait davantage. Puis, à l'expiration de la crise commencerait la liquidation de la dette, et quelle liquidation ? Les maîtres de maisons ou d'hôtels meublés y sombreraient infailliblement, car la plupart ont des loyers fort considérables à acquitter, qui s'élèvent, pour quelques-uns, à plus de 200,000 francs par an, dont le premier centime ne serait pas en caisse. Mais là où tout le monde perd ses droits, le propriétaire ne perd pas les siens, grâce à ce détestable privilége de l'article 2102 du Code civil, sur lequel il faudra revenir un jour ou l'autre, et qui le fait passer avant tout autre sur le prix de tout ce qui garnit la maison louée, pour tout ce qui est échu et pour tout ce qui est à échoir ; ce qui aurait, dans notre espèce, pour résultat, non-seulement la ruine irrémissible des preneurs, mais encore de réduire complétement à néant les droits de tous ceux qui, en dehors du propriétaire, sont devenus leurs créanciers, tels que marchands de meubles, tapissiers et fournisseurs de toute sorte. Si donc on se résolvait à les laisser sacrifier, qu'on n'oublie pas que le nombre des victimes se grossirait de tous ceux qui, sous une forme ou sous une autre, ont été amenés à leur faire crédit, afin de faciliter une exploitation à rouages souvent fort compliqués.

Mais si le Gouvernement n'entrait pas dans nos vues, les plus menacés seraient encore les propriétaires eux-mêmes ; car il ne resterait alors d'autre parti aux industriels si cruellement éprouvés que d'introduire devant les tribunaux une instance en résiliation des baux autrefois passés ; or, autant le sacrifice que la mesure proposée imposerait à ces propriétaires serait facile à apprécier et restreint, autant l'annulation des contrats, si elle était, ce qui ne paraît pas bien douteux, obtenue en justice, pourrait avoir pour eux des conséquences incalculables. Ils ne sauraient, en effet, ignorer qu'à la levée du siége, qui ferait, d'après notre proposition actuelle, renaître immédiatement leur droit à des loyers, ils se trouveraient, au contraire, en succombant dans une instance judiciaire, avoir sur les bras des appartements qui ne reverront pas de sitôt des occupants, même quand l'accès de la capitale sera redevenu complétement libre. Car les étrangers ne reviendront pas aussi vite qu'ils sont partis, quand ils ne seraient retenus que par la crainte du retour possible de journées comme il n'est donné qu'à Paris d'en avoir quelquefois, et, au surplus, il n'y a qu'une voix dans le public pour annoncer le prochain et notable abaissement des loyers, par suite duquel les propriétaires qui avaient traité auparavant, pour une longue série d'années, à des conditions extrêmement avantageuses pour eux, ne pourraient plus désormais espérer les atteindre avec d'autres preneurs.

Ajoutons qu'il n'est même pas possible d'invoquer en faveur des propriétaires cette circonstance que, tandis que leurs locataires principaux seraient débarrassés des loyers, eux auraient à supporter toutes les charges de la propriété ; car, il n'est, à peu de chose près, ni charge publique, ni charge particulière grevant les propriétés bâties, qui, de droit ou en vertu des clauses habituellement insérées dans les baux, n'incombe aux locataires principaux. C'est au point qu'on a pu dire récemment, non sans quelque excès de langage, toutefois, que ce serait bien plutôt aux propriétaires à payer aujour- d'hui leurs locataires, qui préservent et sauvegardent leurs immeu- bles si grandement exposés. En effet, les charges si nombreuses qui, en temps ordinaires, pèsent déjà d'un poids si lourd sur les preneurs principaux, ont été aggravées encore, dès avant même le blocus et surtout depuis, dans des proportions véritablement énormes, et il nous suffira, à cet égard, de rappeler les précautions infinies qu'ils ont été invités à prendre pour le salut de leurs maisons et hôtels ; l'hospi- talité qu'ils ont dû offrir, sur une si grande échelle, aux troupes auxiliaires venues de la province et aux réfugiés des communes envi- ronnantes ; la domesticité ruineuse qu'il leur a fallu conserver ; les ambulances somptueuses qu'ils ont établies dans leurs locaux, etc., etc. ; toutes peines et tous sacrifices auxquels les propriétaires sont restés complétement étrangers.

Comme on a pu le remarquer, en demandant une décharge des loyers à temps, nous ne faisons que suggérer une application mo- dérée du principe, qui en matière de louage, fait retomber les cas fortuits, privatifs de jouissance, sur le bailleur ; et parmi les cas fortuits, en est-il un plus indiscutable que la guerre; la guerre, qui était si présente à l'esprit du législateur avec son cortége de calamités inattendues comme elle, qu'après avoir déclaré dans l'article 1772, concernant les baux à ferme, que le preneur PEUT être chargé des cas fortuits par une stipulation *expresse*, il ajoute aussitôt dans l'article suivant que « cette stipulation ne s'entend que des cas fortuits ordinaires, tels que grêle, feu du ciel, gelée ou coulure. Elle ne s'entend pas des cas fortuits extraordinaires, tels que les *ravages de la guerre* ou une inondation, auxquels le pays n'est pas ordinairement sujet, à moins que le preneur n'ait été chargé de tous les cas fortuits prévus ou imprévus. »

On a pu voir aussi, que nos observations ont trait uniquement aux maîtres de maisons ou d'hôtels meublés, qui sont achalandés par les personnes du dehors, et qu'elles ne s'étendent pas à ces autres maîtres de maisons ou d'hôtels meublés, dont la clientèle est toute locale, toute parisienne. Les moyens invoqués par ceux-là ne peuvent, en effet, servir à ceux-ci, qui s'accrocheraient vainement à un cas de force majeure, duquel aucun préjudice ni abstrait ni concret bien appréciable ne découle pour leur exploitation.

Ils n'en articulent pas moins des plaintes, auxquelles il n'est pas permis d'ailleurs de se montrer insensible, quand ils mettent en regard de la rigueur des droits du propriétaire la situation précaire, que leur ont faite les événements et les décrets. Ainsi, tandis qu'ils devraient une satisfaction complète à leurs propres bailleurs, ils ne peuvent pas, la justice venant en aide à leurs propres locataires malheureux, les empêcher de déménager en enlevant avec leurs linges et hardes la seule garantie qu'ils offraient à leurs logeurs, et, chose plus grave encore, ils sont contraints, plus d'une fois, à conserver chez eux, malgré eux, ces mêmes locataires, qui les privent, de par l'autorité de sentences judiciaires, de preneurs plus solvables, et continuent à leur imposer même les sacrifices d'un séjour détériorant et d'un entretien journalier en linge, draps, service, etc., sans donner l'espoir de payer jamais une dette qui va tous les jours en grossissant.

Quoi qu'il en soit, *en fait*, cette espèce particulière de maîtres de maisons ou d'hôtels meublés a ou peut avoir des locataires, que fournit la population flottante de la capitale, et cela suffit, pour *qu'en droit*, il n'y ait pas lieu de les traiter vis-à-vis de leurs propriétaires autrement que les preneurs de locations bourgeoises ou commerciales.

Est-ce à dire que nous entendions livrer les uns et les autres à la merci de ces propriétaires? Loin de nous cette pensée, et c'est ici que commence la dernière partie mais en même temps la plus agréable de notre tâche. Il ne nous a pas paru possible, sauf une réserve toutefois, de conseiller la rupture du lien obligatoire, qui assujétit quand même le preneur au paiement de ses loyers; mais nous ne saurions admettre davantage, que ce qui se passe dût rester sans influence sur leur exigibilité. Plus le droit est mis hors de cause, plus dans une question de fait comme est celle du recouvrement, les considérations de fait doivent pouvoir exercer leur empire; le legislateur l'a si bien compris, qu'il n'a édicté l'article 1244 qu'afin de donner aux juges la faculté de pactiser avec la position embarrassée d'un débiteur, en lui accordant, en dépit même du créancier, des délais raisonnables. Or, si jamais détresse fut profonde et universelle, c'est celle qu'a amenée le cataclysme actuel qui est venu creuser entre le passé et l'avenir de la France comme un abîme, où se sont engouffrées fortune publique et fortunes particulières. L'impuissance, même pour les plus honnêtes, pour les mieux intentionnés de s'acquitter actuellement de leurs obligations, saute aux yeux, et, au surplus, le Gouvernement, remplissant l'office de juge afin de conjurer des poursuites inutiles et compromettantes pour son œuvre de délivrance, a déjà eu le soin de proroger le dernier terme d'Octobre. Ce qui importerait, c'est que le Gouvernement, persistant et pénétrant plus avant encore dans la voie où il est entré, ajournât dès maintenant l'exigibilité des loyers jusqu'au rétablissement de la paix, sans procéder par des remises successives, qui en laissant les obligés dans l'incertitude, dans l'inquiétude du lendemain, ne leur laissent peut-être pas non plus toute la liberté d'esprit désirable pour s'associer entièrement à une résistance héroïque.

Que des mesures aussi générales que celle qui a été prise déjà ou celle que nous proposons, manquent leur but vis-à-vis de certaines individualités, pour lesquelles elles pourront être abusives, telles que les fonctionnaires, dont les traitements régulièrement touchés jusqu'alors, sont toujours affectés en partie au paiement des loyers, ou certains spéculateurs, qui par exception auront fait fortune pendant la guerre, cela est inévitable, mais comment obvier à cet inconvénient, sans ouvrir la porte à un arbitraire effrayant et des plus inquisitoriaux. D'ailleurs, même le fonctionnaire, auquel ses appointements n'ont pas fait un seul instant défaut, a vu ses charges s'accroître sensiblement par suite de la rareté et de la cherté des denrées alimentaires; et comme aussi il n'est donné à personne de déterminer par avance la durée du siége, une réserve en argent paraît recommandée par la prudence la plus vulgaire.

Resterait à savoir si l'ajournement anticipé que nous revendiquons pour toutes les catégories de locataires, à l'exception de celle qui peut se défendre au fond, ne dût pas porter même au delà de la conclusion de la paix, sans cependant s'en écarter de plus d'un ou de deux termes, attendu que le propriétaire ne doit pas être indéfiniment privé des rentrées qui le font vivre. Ce qui peut certainement faire pencher vers cette solution, c'est l'impossibilité dans laquelle se trouverait sans doute le preneur de faire face, au lendemain d'un dénouement pacifique, à plusieurs échéances accumulées. Mais ce qui nous la fait rejeter, c'est un motif d'ordre politique, tenant à ce que nous verrions avec peine le Gouvernement de la Défense nationale disposer pour une époque à laquelle doivent avoir expiré ses pleins pouvoirs. Nous la rejetons d'autant plus volontiers, que nous entrevoyons une autre solution, peut-être un peu moins révolutionnaire, mais peut-être aussi un peu plus radicale, sans cesser cependant d'être rationnelle. On n'ignore pas, en effet, que, par suite d'un usage, qui ne se rencontre guère qu'à Paris, les propriétaires de la capitale, en passant des baux, ne manquent presque jamais de se faire remettre par avance le montant de 6 à 12 mois de loyers imputables sur les derniers termes, sans tenir le moindre compte des intérêts des sommes ainsi perçues. Du chef de ces sommes, les locataires se trouvent véritablement les créanciers de leurs bailleurs, car elles représentent une jouissance qui ne leur a point été encore procurée, et puisqu'à leur tour ils vont, à l'issue de la guerre, se trouver les débiteurs des propriétaires pour les termes échus, pourquoi le Gouvernement, s'inspirant jusqu'à un certain point du droit commun et beaucoup, comme il le doit, de la misère des temps, ne décréterait-il pas, dès maintenant, la COMPENSATION ? Cette compensation, qu'on veuille bien le remarquer, n'anéantirait pas les effets du contrat qui consistait, avant tout, à engendrer des obligations, vu que pour avoir perdu une petite garantie, de la privation de laquelle son privilége le dédommagera amplement, le propriétaire n'en reste pas moins le créancier de son locataire, et tout est là ; car, pourvu que le propriétaire ne soit pas lésé dans son droit, il convient, d'après ce que nous avons vu, d'abandonner au Gouvernement du jour la dispense des facilités et le choix des palliatifs. Dès lors, il pourra arriver qu'au rétablissement de la paix, les sommes versées par anticipation excéderont celles qui sont dues, ou seront inférieures à ces dernières. Dans la première hypothèse, l'excédant conservera sa destination primitive de garantie, de couverture ; dans la seconde hypothèse, il restera encore un découvert à la charge du preneur, et ce n'est pas pour ce découvert très-problématique, que le Gouvernement, dont les fonctions cesseront avec le péril national, doit quitter la réserve si sage qu'il s'est imposée jusqu'à ce moment.

Il ne sera pas d'ailleurs difficile au locataire de régler une différence qui, après le décompte dont nous venons de parler, ne saurait être bien importante, alors surtout qu'il ne s'agit pas d'effets de commerce échelonnés dont le total peut s'élever très-hant, mais de loyers qui sont toujours relativement assez modiques ; et enfin, à supposer que ce poids soit encore trop lourd pour des épaules meurtries, il restera toujours cette ressource suprême de solliciter de nouveaux délais de grâce des tribunaux ordinaires qui, en recouvrant des attributions dont le cours anormal des événements les avait seul dessaisis, ne se montreront certainement pas plus indifférents que le Gouvernement à des souffrances réelles, et sauront au besoin prendre parti pour le locataire contre le propriétaire, auquel un crédit, assis sur des bases assez larges, permettra toujours de patienter un peu.

Nous avons mentionné tout à l'heure le privilége du bailleur, et c'est lui qui fera l'objet de nos dernières réflexions et de nos dernières propositions. Quelle que soit, en effet, l'importance du service dont on soit redevable aux propriétaires, on ne peut s'expliquer l'étendue du privilége qui leur a été accordé par l'article 2102 au détriment de tant d'autres créanciers également dignes d'intérêt, qu'en se souvenant des préférences marquées des rédacteurs du Code civil pour la propriété immobilière. Ces préférences percent à chaque pas, et c'est ainsi qu'au titre du louage elles éclatent notamment dans les articles relatifs à la responsabilité en matière d'incendie. Si égalitaire qu'on prétendît être à cette époque, nos compilations auxquelles présidait un génie essentiellement militaire, sentent la discipline et ont édifié plus d'une de nos institutions juridiques sur la hiérarchie soit de la fortune, soit de la position sociale. Toutefois, quelque fondées que soient les incriminations qu'on puisse diriger contre le privilége des propriétaires, considéré dans la portée vérita- blement criante qui lui a été attribuée par la loi, est-ce bien le mo- ment d'en demander le retrait ou tout au moins le rétrécissement ? Il ne nous paraît pas, à vrai dire, que le Gouvernement dût se laisser aller à prendre pareille initiative, qui aurait pour effet inévitable de bouleverser l'économie de notre législation, et qui appartient donc bien plutôt à un pouvoir législatif fonctionnant normalement après avoir été régulièrement constitué. Mais si la rénovation du droit est réservée à l'ère pacifique dans laquelle nous ne tarderons pas sans doute à entrer, le Gouvernement de la Défense nationale peut souscrire du moins à des tempéraments, indiqués par une situation qu'il doit s'appliquer à sauver dans l'intérêt même de son mandat.

C'est pourquoi nous concluons à l'emploi d'un dernier remède qui complétera efficacement, croyons-nous, la série des moyens énumérés jusqu'ici. Il consisterait, non pas dans la suppression du privilége, mais dans l'inapplicabilité du privilége aux loyers qui, échus depuis la déclaration de la mise en état de siége de Paris, pourraient être dus encore au rétablissement de la paix. Sans répudier les scrupules très-respectables que peut faire naître l'administration de ce remède, il nous semble cependant qu'ils doivent céder devant le raisonnement très-simple que voici : Le Gouvernement, en ajournant l'exigibilité des loyers jusqu'à la fin des hostilités, veut prendre une mesure *favorable aux locataires*, veut décréter une mesure sérieuse et efficace; car il serait indigne de lui, de donner l'apparence d'une faveur à une disposition dénuée de toute vertu, et n'est-ce pas cependant ce qui arriverait, si cette disposition n'était étayée de la confiscation du privilége pour le même temps, puisqu'à l'expiration de la période franche, les propriétaires, se rabattant sur le droit de préférence, parviendraient avec la plus grande aisance à rentrer dans leur arriéré, grâce à l'exécution des meubles à l'exclusion des tiers, et à paralyser les intentions louables du Gouvernement. Que le privilége continue donc de garantir les termes qui viendront à échéance après la guerre, nous n'y voyons provisoirement pas le moindre inconvénient, mais nous en verrions à ce qu'au sortir d'une tourmente qui a fait sombrer toutes les positions prises, qui a dispersé toutes les économies, épuisé toutes les ressources, anéanti l'effet de tous les engagements, réduit les classes aisées aux expédients et les classes pauvres au désespoir, les propriétaires puissent, à la faveur même du sang versé par leurs débiteurs, jeter un regard impassible sur les événements accomplis et retomber sur leurs pieds.

Nous n'insistons pas davantage, laissant même, pour plus de brièveté, au Gouvernement le soin de réunir, le cas échéant, et de formuler les idées que nous avons émises dans cet opuscule. Quand il en aura pris connaissance, il rendra certainement à son auteur cette justice, qu'il n'a été demander ses inspirations qu'au patriotisme, au droit, à la justice ; que, s'élevant au-dessus des prétentions extrêmes en sens inverse, il a poursuivi une œuvre de conciliation et de consolidation. Mais notre satisfaction serait complète, si les propriétaires, dont il s'agit d'amoindrir quelque peu les prérogatives, mais non de méconnaître les droits, consentaient, par leurs organes, à faire parvenir au Gouvernement l'expression de leur assentiment à nos conclusions. Qui sait ? ils se souviendront peut-être que dans la fameuse nuit du 4 aout 1789 une classe bien autrement privilégiée que la leur a fait sur l'autel de la patrie le sacrifice des immunités les plus précieuses ; ils songeront peut-être au dévouement, au désintéressement avec lesquels leurs concitoyens auront concouru à la défense du territoire et de la propriété ; la communauté des dangers et des espérances aura sans doute allumé dans le sein de ces cœurs non moins français que d'autres le sentiment de la fraternité, et cet élan' leur sera d'autant plus facile, que plus d'une fois, hélas ! il n'y aura que les veuves et les orphelins de leurs débiteurs tués pour le pays à recueillir le bénéfice de leurs dispositions bienveillantes.

Mais, quoi qu'il arrive, le Gouvernement ne faillira pas à son devoir ; s'il doit le remplir conformément à nos vues, il dira, en faisant une situation à part aux maîtres de maisons ou d'hôtels meublés d'une certaine espèce, que pour toutes les autres catégories de preneurs, le paiement des loyers sera ajourné jusqu'au rétablissement de la paix ; que les termes payés d'avance seront imputés sur les termes en souffrance, et que le privilége des propriétaires ne portera pas sur les loyers dus par les preneurs à la fin de la guerre.

Peut-être cependant, le Gouvernement pensera-t-il, en ce qui concerne les maîtres de meublés, que la base de leurs revendications, qui consiste dans la réception exclusive d'*étrangers*, est une base trop arbitraire, trop fragile, trop sujette à vérification et à contestation, pour qu'on puisse édifier sur elle une mesure d'un caractère général et absolu ; et peut-être pensera-t-il encore, que ses attributions, essentiellement temporaires et accidentelles, ne l'autorisent pas suffisamment à relever même partiellement des débiteurs de leurs engagements, sans un débat contradictoire, qui est du ressort de la justice ordinaire ; que si le Gouvernement doit s'arrêter devant ces considérations, il ne lui restera plus alors qu'à appliquer à toutes les classes de preneurs indistinctement le bénéfice de la triple résolution que nous venons d'ébaucher, sauf à ceux qui auraient un grief à articuler au fond, à en poursuivre judiciairement le redressement au retour d'une paix, que nous appellerions bien plus encore de tous nos vœux, si cette paix faite dignement au dehors, pouvait, par une rencontre heureuse, et grâce à des précautions habiles, coïncider avec la paix du dedans.

IMPRIMERIE CENTRALE DES CHEMINS DE FER. — A. CHAIX ET Cⁱᵉ, RUE BERGÈRE 20, A PARIS. — 15586-0